RIGUROSAMENTE CIERTO

Roberto Sánchez Gómez

RIGUROSAMENTE CIERTO

Primera edición: *octubre de 2024*

© Roberto Sánchez Gómez

ISBN: 978-84-17836-68-9.
Depósito legal: S. 337-2024

Edita: Ratio Legis
Paseo de Francisco Tomás y Valiente, 14 – Local 3
Campus Miguel de Unamuno
37007 Salamanca
www.ratiolegis.net

Imprime: Valor Gráfico

Impreso en España

Un esclavo iba de pie detrás del conquistador sosteniendo una corona de oro, y le susurraba al oído una advertencia: la de que toda gloria es pasajera.

Final de la película *Patton*

Índice

Presentación

En una entrevista, Alejo Vidal-Quadras rememoraba un aforismo que oyó a su profesor Juan Sancho: "Siempre recuerdo una frase suya que en la vida es de aplicación general. Él la aplicaba a las matemáticas pero es utilísima en la vida y a mí me iluminó. Dijo: 'Una buena definición ahorra muchos teoremas'. Y es verdad, si tú defines bien las cosas, te ahorras después otras muchas reflexiones. Y yo creo que esto es aplicable a cualquier rama del saber: si tú defines bien, ya lo demás sale solo, digamos"[1].

Siempre me han fascinado los aforismos. No deja de ser sorprendente que una frase pueda decir tanto. Y lo

---

[1] Entrevista realizada por LETRADOX® Abogados, publicada en YouTube el 20 de febrero de 2022:
https://www.youtube.com/watch?v=MlvOchrKvDo

bueno, si breve, mucho mejor: la memoria es limitada, el cansancio acecha.

Con el tiempo, vamos dándonos cuenta de nuestros trasteros. No nos enseñan a evitarlos, y es muy difícil aprender a vivir para no agrandarlos. Muchos no habrían crecido como la maleza de haber tenido presente (que no meramente sabido) lo que señalan muchos aforismos.

Cruzar la línea que conduce a cualquier tipo de despilfarro es realmente fácil, y los buenos aforismos nos permiten tener presente lo ya observado para identificar lo que está pasando o puede pasar. Como dice Ricardo Moreno, "el mundo es muy viejo ya y casi no hay una idea que no se haya tenido antes, y pocas cosas hay en el mundo sobre lo que no se haya pensado y repensado mucho"[2].

Además, el pasado instruye porque, como es bien sabido, la naturaleza humana no cambia, y la Historia, como afirma Carmen Iglesias, enseña fundamentalmente dos cosas: la fugacidad de las cosas y la ferocidad de los seres

---

[2] Moreno Castillo, R. (2018). *Breve tratado sobre la estupidez humana.* Fórcola Ediciones, Madrid, p. 102.

humanos[3]. Y, como advierte un proverbio hindú, un hombre solo posee lo que no puede perder en un naufragio. Rigurosamente cierto.

Si los jóvenes supieran, si los viejos pudieran... Es fácil no saber y es fácil cometer errores. Por ello, a largo plazo, como sostenía Charlie Munger, es notable la ventaja que se obtiene si se trata sistemáticamente de no ser estúpido en lugar de tratar de ser muy inteligente.

Para lograr esa sistematicidad se necesitan máximas. Tenerlas presente, si son acertadas, ayuda a no cometer errores porque facilita la observación. Y, como apunta un aforismo de Jorge Wagensberg, "observar es más que mirar porque observar, que no mirar, incluye la voluntad explícita de separar el ruido de la información"[4].

---

[3] Afirmación realizada en un coloquio en la Fundación Ramón Areces sobre educación, junto con Fernando Savater y Gregorio Luri, el 12 de abril de 2023. Carmen Iglesias es directora de la Real Academia de la Historia.

[4] *La información en aforismos*, elpais.com, 21 de agosto de 2015.

Como dice el empresario Carlos Slim, "en todas las empresas, organizaciones y personas que toman decisiones se cometen errores. Lo que tenemos que cuidar es que sean pequeños errores. Y lo que también es importante es aprender de nuestros errores, pero es todavía más importante aprender de los errores de los demás"[5].

Solemos pensar que la acción es más importante que el conocimiento, pero la acción es ciega sin conocimiento. Como escribió Unamuno, "la libertad no es un estado sino un proceso; solo el que sabe es libre, y más libre el que más sabe. Solo la cultura da libertad. No proclaméis la libertad de volar, sino dad alas; no la de pensar, sino dad pensamientos".

Esto último es el propósito de este librito.

---

[5] Carlos Slim, en una charla junto con César Alierta titulada "El regalo de la experiencia", en el Congreso de la Confederación Española de Directivos y Ejecutivos (CEDE) celebrado en A Coruña el 6 de octubre de 2015.

Percepción y valor

1

Objetivos

La primera condición para tomar buenas decisiones es reflexionar sobre la calidad de los objetivos.

2

Decisiones

Para tomar buenas decisiones hay que manejar pocos elementos, pero para seleccionar estos hay que tener en cuenta todos los posibles.

3

Ignorancia

Muchas decisiones relevantes no se toman porque se ignora cuál debería ser el objetivo.

4

Tragedia

La tragedia puede ser lineal o circular.

5

Inteligencia

La mejor definición de inteligencia es la del contable,
y tiene dos dimensiones:
tener en cuenta y llevar la cuenta.

6

Sistematicidad

No hay buen gestor que no sea sistemático.
Si no tienes todas las piezas, no sabes qué piezas ignoras.

7

Piezas sueltas

Todas las piezas sueltas son posibles fuentes de error.

8

Consciencia

Eres más consciente de que estás mojado
fuera del agua que dentro de ella.

9

Cerradura

Quien no ve la cerradura no se preocupa por la llave.

10

Vida

La felicidad es a días y a ratos; la vida es a todas horas.

11

Vigilancia

Para descubrir y definir nuestras fortalezas y debilidades, nada hay mejor que identificar amenazas y oportunidades.

12

Virtud

Se puede apreciar un manjar sin conocer el hambre, pero no tanto como cuando se ha conocido el hambre.

13

Actuación

Nada trata de parecerse tanto a la verdad
como la mentira.

14

Ahorro

Lo que menos tendemos a ver
es qué podríamos evitar.

15

Referencias

Ver, la mayoría de las veces, depende de saber
dónde mirar.

16

Esencial

Cuanto más se piensa en lo esencial,
más observador se tiende a ser.

17

Atención

Cuando alguien rechaza una buena idea
es más probable que se deba a la falta de atención
que a la comprensión certera.

18

Morbo

Cuando se habla de debilidades o de cómo ejercer
el poder, la gente presta más atención.

19

Buen empleado

El buen empleado sabe que el jefe es un intermediario,
porque es el cliente quien realmente le paga.

20

Buen empleado (2)

Tanto o más vale el empleado
que evita la pérdida de clientes
que aquel que los gana.

21

Clientes

Los clientes son como los billetes: todos son importantes,
pero no todos valen lo mismo.

22

Buenos ejemplos

Para hacerlo mal no hacen falta malos ejemplos,
pero el buen hacer requiere siempre de buenos ejemplos.

23

Incapacidad

Quien no aprecia los detalles está incapacitado
para distinguir entre lo ordinario y lo extraordinario.

24

Consecuencias

En lo que no piensas, no pones cuidado.

25

Sencillez

Quien aprecia la sencillez percibe antes el despilfarro,
porque este surge de lo artificioso.

26

Recompensa

Lo relevante no es la cuantía de la recompensa,
sino la valoración que hace de ella el recompensado.

27

Escaparate

Se ha de dudar del valor del escaparate
cuando no se conoce la trastienda.

28

Dinero

Lo que no se hace por dinero no se paga con dinero.

29

Efímero

Quien recuerda que nada es para siempre,
sabe que ya es tarde.

30

Inconvenientes

Todas las críticas se reducen a dos:
estás exagerando o estás simplificando.

31

Medida

Pensamiento económico: no hay nada
como lo que está a tu medida.

32

Percepción

Amenazas imponderables
hacen emerger debilidades ocultas.

33

Proporción

La falta de proporción es el mejor indicio de falsedad.

34

Valor añadido

La forma de aumentar el valor final
es pensar en el valor añadido.

35

Incomprensión

Quien no entiende el problema no solo no percibe
el coste de la solución, sino que tiende a agravarlo.

36

Oportunidad

A menudo infravaloramos una oportunidad
porque sobrevaloramos una debilidad.

37

Cadena

El paso del tiempo es el único tema
que nunca puede dejar de interesarte.

38

Seguridad

Siempre se puede estar más seguro
de lo que falta que de lo que se tiene.

39

Infelicidad

Somos mucho más ingenuos sobre lo infelices
que sobre lo felices que podemos llegar a ser.

40

Alternativas

La percepción del valor depende
de las alternativas que podemos identificar
en un momento dado.

41

Selección

El valor siempre está en la selección.

Recursos y procesos

42

Abundancia

La abundancia, cuando no es un espejismo,
es siempre un estado transitorio.

43

Relatividad

Cuando uno está mal
da igual todo lo que no da igual
cuando uno está bien.

44

Coste

No hay nada más caro
que lo que hace que uno esté incómodo.

45

Límites

Los límites tienen que ver con lo que puedes conectar
y con lo que puedes desconectar.

46

Incertidumbre

Casi siempre pasa lo mismo,
pero nunca se sabe qué va a pasar.

47

Inevitabilidad

Lo que suele creerse inevitable
casi siempre es consecuencia
de la mala gestión de lo evitable.

48

Resultados

El éxito lo es por dotación o gestión.
El fracaso también.

49

Vista

Primacía de la vista: recuerdas lo que piensas,
pero piensas en lo que ves.

50

Olvido

Lo evidente es lo primero en lo que se deja de pensar
cuando no es urgente.

51

Estructura

Sin estructura no se crea valor.

52

Organización

Toda mejora pasa por una mejor organización.

53

Vocabulario

Aprender conceptos organizativos es fundamental para organizarse mejor. No puedes pensar en algo para lo que no tienes vocabulario.

54

Paciencia

No intentes correr hasta que sepas caminar.

55

Trayecto

Ilusión para despegar, cautela para volar
y calma para aterrizar.

56

Parches

A quien te proponga parches
no le encargues soluciones.

57

Soluciones

Las soluciones solo se pueden buscar
con quienes entienden los problemas.

58

Tarta

Busca a quien se preocupe por la tarta
tanto como por las raciones.

59

Interruptores

La serenidad depende de la posibilidad
de aislarse de interruptores externos.
No dejes interruptores a la vista.

60

Sucesión

Es difícil que a lo bueno le suceda lo mejor,
pero es fácil que a lo malo le suceda lo peor.

61

Avance

Avanzar no significa que estés más cerca de la meta,
sino que estás más lejos de la salida.

62

Variables omitidas

El mismo frote no siempre produce el mismo brillo.

63

Calidad

Lo relevante no es si las cosas se hacen mejor o peor,
sino si se hacen bien o mal.

64

Correlación

La correlación entre mediocre y mezquino es equivalente
a la correlación entre calidad y esmero.

65

Excelencia

Cuando no se recompensa la excelencia,
no se sale de la igualdad.

66

Escala

Pensar en lo pequeño es pensar en grande.

67

Entendimiento

Solo has entendido bien algo
cuando sabes qué problemas puede darte.

68

Control

El control es necesario porque la confianza
no es suficiente incluso cuando es necesaria.

69

Complejidad

Los problemas más difíciles de resolver
no siempre tienen que ver con cuestiones complejas.
Al contrario, en muchas ocasiones se trata de cuestiones
muy simples.

70

Crítica

Todo lo que dificulta la crítica aleja la solución.

71

Creatividad

La creatividad es la mejor protección
frente a la incertidumbre.

72

Tolerancia al error

La tolerancia al error, cuando va unida al
esfuerzo creativo, es una señal de fortaleza.

73

Agudeza

La agudeza depende de la capacidad
para poner el foco en lo esencial.

74

Tranquilidad

La salud mental reside en la tranquilidad.
Lógica económica:
en un estado donde no hay déficit ni exceso.

75

Descanso

No hay mayor éxito que la relajación.

76

Curación

Lo que cura no son los bombones,
sino la posibilidad de disfrutarlos.

77

Emociones

Lo emocional siempre opera como palanca
o como bisagra de lo cognitivo o lo conductual.

78

Locura

La locura admite tanto el comportamiento errático
como el comportamiento sistemático.

79

Guion

Hay personas que dan lo mejor de sí mismas
cuando siguen un guion
y otras que lo hacen cuando improvisan.

80

Fluir

Solo si fluyes puedes darlo todo.

81

Comunicación

Si tu lenguaje es pobre, tu conversación
no puede ser rica.

82

Fuerzas

Más vale concentrar fuerzas
porque no siempre es posible dividir los problemas.

83

Potencia

Toda potencia depende de la capacidad de control.

84

Estrategia

El mantenimiento depende del control de los
puntos débiles, mientras que el crecimiento
depende del desarrollo de los puntos fuertes.

85

Complementariedad

Dos preguntas complementarias:
¿por qué va bien
lo que va bien?
(si no eres consciente, lo pondrás en peligro)
y
¿por qué va mal
lo que va mal?
(si no lo sabes, no vas a mejorar).

86

Persuasión

No hay tiempo más miserablemente perdido
que el que se dedica a tratar de persuadir a la gente
de que se porte bien.

Rasgos y actitudes

87

Actitud

Nadie cambia su conducta si no ha cambiado antes
su actitud. La conducta son los pasos,
pero la actitud es el camino.

88

Amabilidad

Ningún rasgo es tan digno de respeto
como la amabilidad.

89

Sociabilidad

Aunque hay de todo, la gente es más social que sociable.

90

Diálogo

La gente cree que el diálogo es que yo te hablo
y tú me hablas. Pero el diálogo es que yo te hablo
y tú me escuchas y tú me hablas y yo te escucho.

91

Escucha

Escuchar es prestar atención para entender qué, por qué
y para qué te está diciendo algo otra persona.
Pero la gente cree que con lo primero ya ha escuchado.

92

Gusto

El gusto va en todo. La falta de gusto también.

93

Péndulo

La mayoría de la gente prefiere el péndulo a la balanza.

94

Indicios

Los defectos engendran otros defectos;
las virtudes engendran otras virtudes.
En consecuencia, ver un solo defecto o una sola virtud
es ya suficientemente informativo.

95

Actitud creativa

La actitud creativa radica en orientar nuestras fortalezas
a aprovechar las oportunidades.

96

Aprendizaje

Quien no tiene interés por aprender,
no tiene interés por mejorar.

97

Ayuda

Para ver si te quieren ayudar
solo tienes que ver si te quieren comprender.

98

Chapuzas

Cuanto menos se valora la creatividad,
más indolente se es con las chapuzas.

99

Creencias

Creen que escuchan porque oyen
y creen que ven porque miran.

100

Cronología

Primero la banalización del mal,
y después la banalización de todo.

101

Impostura

Es más probable que la impostura se encuentre en lo
complicado que en lo sencillo. Cuanto más sencillo es,
menos máscaras admite.

102

Prueba

Para saber si se está delante de un lobo
basta con mostrarse como un cordero.

103

Crudeza

Quien busca mejorarse a sí mismo lo tiene difícil.
Quien busca que los demás sean mejores lo lleva crudo.

104

Simpatía

La gente que maltrata sin motivo a quien la trata bien
suele tratar bien a gente despreciable.

105

Madurez

La falta de madurez se manifiesta, más que en no querer afrontar los problemas, en no saber dar a las situaciones la importancia que tienen.

106

Sentido común

Quien atiende más al experto que al argumento carece de sentido común.

107

Malas ideas

Quien tiene una mala idea tiene muchas más.

108

Cuerda

La dificultad estriba en descubrir desde el principio
a quién atar corto y a quién dar cuerda.

109

Peligro

Las personas que no quieren saber
suelen ser más peligrosas que las que no saben.

110

Cuidado

No hay nada que se deje ver con tanta claridad
como la falta de cuidado.

111

Delicadeza

Hay más gente que alega que algo es delicado
para excusar su falta de cuidado que para tenerlo.

112

Silencio

Apreciar el silencio es signo de valía.

113

Detalles

A la gente se la conoce bien por lo principal,
y mejor por los detalles.
Los detalles son siempre primeros planos.

114

Disculpas

Los que se disculpan con palabras
son mucho más numerosos
que los que se disculpan con hechos.

115

Discurso

Cuanto más se impone un discurso,
más hipócritas hay secundándolo.

116

Educación

La gente no quiere que la engañen,
pero rara vez tolera que la eduquen.

117

Fe ciega

Quienes tienen fe ciega acaban quedándose ciegos
o dejando ciegos a otros.

118

Egoísmo

Ninguna tragaperras se cansa
de que le echen monedas.

119

Extremos

Quien sabe identificar el término medio
tiene la virtud de saber cuáles son los extremos.

120

Escrúpulos

A diferencia de la gente honesta, la gente sin escrúpulos puede disfrutar sin amar.

121

Intenciones

Los resultados pueden ser mixtos,
pero las intenciones no.

122

Ingenuidad

Ingenuidad es pensar que quien ha incumplido una vez no volverá hacerlo.

123

Cooperación

Buscar el *win-win* no es siempre la solución,
porque suele haber gente que, además de querer ganar,
quiere que pierdas.

124

Interés

Hay dos tipos de personas que quieren lo mejor de ti:
aquellos a los que les importas y aquellos a los que no.

125

Letra pequeña

Quien no lee la letra pequeña
tampoco suele reflexionar sobre la letra más grande.

126

Incoherencia

La gente que quiere el aire acondicionado a 15 grados
es la misma que pone la calefacción a más de 25 grados.
Y siempre se justifica diciendo cuánto calor o cuánto frío
hace *fuera*.

127

Excusas

Los que se escudan en "es lo que hay"
suelen ser los que no contribuyen a que haya otra cosa.

128

Impunidad

La impunidad es el origen de todos los males.

129

Petardos

Una cosa es que un individuo sea un descerebrado
y otra muy distinta que no sepa lo que hace.

130

Pintadas

Si no quieres pintadas, preocúpate de saber
si a quien le das espray es grafitero.

131

Generación L´Oréal

La combinación más brutal es la de la ignorancia
y el narcisismo.

132

Poder

Quien admira el poder solo respeta la fuerza.

133

Trato

Las buenas personas
pueden ser muy duras consigo mismas,
los malas nunca lo son.

134

Vicios

Incluso quien se desvive por los demás
no suele renunciar a sus vicios.

135

Evolución

Ni la bondad ni la maldad de las personas evoluciona.
Simplemente va a más o a menos
dependiendo de las oportunidades.